AF339553

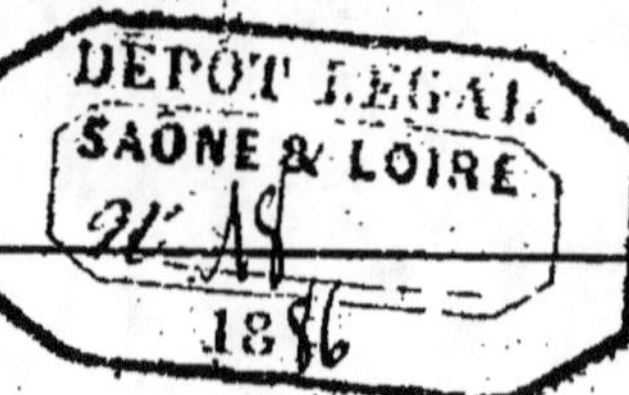

RÉGÉNÉRATION

DE

LA FRANCE

DÉDIÉE

A MESSIEURS LES DÉPUTÉS & SÉNATEURS

PAR

BOULEY

Membre de la Société des Auteurs

PRIX: 60 CENTIMES

CREUSOT

EN VENTE CHEZ LES PRINCIPAUX LIBRAIRES

1886

RÉGÉNÉRATION

DE

LA FRANCE

DÉDIÉE

A MESSIEURS LES DÉPUTÉS ET SÉNATEURS

RÉGÉNÉRATION DE LA FRANCE

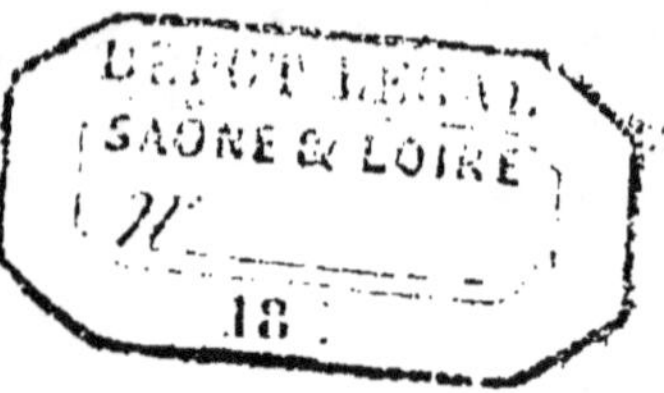

SOMMAIRE

Organisation du travail.
Secours immédiats aux personnes dans le besoin.
L'Ouvrier rentier sur ses vieux jours.
Dans dix années 31 660 retraités par département, 3 166 par année
pouvant s'augmenter du double.
Relèvement de l'Agriculture par prêts, remboursables par fractions
et annuités.
Banque Agricole, Commerciale, 380 000 par année.
Ecole Agricole par Arrondissement, afin de former une pépinière
d'Agriculteurs, possédant des études techniques.
Cotisation générale frappant du chef de l'Etat au plus humble,
Généraliser les sociétés de secours mutuels
qui n'ont qu'un but partiel,
par une application de tous, par tous et pour tous.
L'Ouvrier voyageur garanti de la misère.
Dotation des jeunes mariés les plus nécessiteux.
Relèvement des professions par concours et expositions,

PAR

BOULEY

PRIX: 60 CENTIMES

CREUSOT

EN VENTE CHEZ LES PRINCIPAUX LIBRAIRES

1886

RÉGÉNÉRATION DE LA FRANCE

Chapitre Premier

Depuis la sublime et immortelle révolution de 89
qui a été un trépignement de joie pour tous les
Peuples, et où les Dynasties se sont senties forte-
ment ébranlées. La féodalité Française, si altière,
régnait en maîtresse sur le pays avec ses orgies et
ses crimes; avec ses nombreuses bastilles où se
commettaient toutes les infâmies et tortures sur le
genre humain. Le brave et héroïque peuple de Paris,
secondé par les illustrations du siècle, a renversé,
anéanti cette formidable et hideuse forteresse où
l'on faisait parade sur le signe d'un favori ou favorite
de la cour, d'enfouir des hommes d'idées, des hommes
aux pensées généreuses pour en faire des martyrs.

A tout excès de brigandage il y a une fin, et c'est
l'héroisme du Peuple parisien qui s'en est chargé.

Oui là! c'était le martyr qu'il subissait comme
dans celles de Province qui sont tombées d'elles-
mêmes sans en faire l'assaut.

La providence que le cléricalisme exploite tant,
n'a pas voulu laisser la semence des grands hommes

(tels que Voltaire, Jean-Jacques Rousseau ce dernier qui s'est éteint sans voir couronner son œuvre, Diderot, Dalembert, etc.) sans effet, sans succès.

L'heure était fixée, aussi a-t'elle sonnée à grand fracas non seulement en France, mais dans l'univers entier. Elle a traversé les mers et est allée inspirer l'idée de l'affranchissement aux onze colonies Anglaises, qui formaient à cette époque 4 millions d'âmes et aujourd'hui 50 millions, que l'on nomme les Éats-Unis d'Amérique, vu son agrandissement.

A cette secousse terrible, naissait un nouveau monde, l'enfantement était terrible; un peuple opprimé, secouant le joug pour s'arracher de la tyrannie; d'hier la chaîne au cou comme un forçat, aujourd'hui la Liberté.

Les multiples idées abondaient, comment établir des freins? C'était s'engouffrer soi-même. Il fallait des hommes vraiment dignes et pleins de dévouement, pour s'être mis à la tête du mouvement, qui ont comme on le sait tous payés de leurs personnes.

A l'heure où la trahison fut connue, la vengeance a éclaté sans pouvoir avoir la possibilité de la retarder.

L'Aristocratie vaincue, terassée de toute part, avait l'audace de provoquer sans cesse le peuple qui avait soif de représailles.

L'on n'aiguillonne pas un lion qui sort de sa cage, qui recouvre sa liberté après une longue captivité et de dures souffrances.

Là, les jours sombres de la Révolution.

Le Peuple furieux s'est rué sur ses tyrans qui

n'avaient pas su prendre le chemin de l'exil. Mais ceux qui à l'étranger excitaient ceux de l'intérieur, avaient ameutés, coalisés l'Europe ARISTOCRATIQUE contre nous. Ces nobles chevaliers de l'ignominie, combattaient contre leur propre sang et contre leur pays. Témoins le bon Prince de Condé, cantonné à Coblentz, dont l'exemplaire Philippe D'Orléans a eu raison de lui par la pendaison. Aussi, en revanche, l'or de ce bon Prince coule à plein bord dans les mains de notre Auguste et brave d'Aumale, son fils, homme d'un grand talent militaire, que l'on a immobilisé parce qu'il faut savoir se passer des plantes envahissantes, lesquelles seraient susceptibles de couvrir notre surface.

Pendant ces regrettables luttes fratricides, nos armées étaient à la frontière, repoussant victorieusement l'étranger. A cette terreur, devait indubitablement succéder le calme. Par la tranquillité, le peuple, aurait recueilli les fruits de sa victoire; tandis qu'une main audacieuse et sacrilège est venue retarder l'application des principes et des lois, pour refaire la société. Malgré cela, l'éclosion était faite et il fallait compter avec elle.

Depuis ce jour, appelé de sinistre mémoire le 18 brumaire, qui nous a valu trois invasions dans les deux tiers de notre siècle par cette nouvelle dynastie, où le peuple comme toujours a été obligé de verser sang et argent à flots.

Notre pauvre France a roulé de monarchie en monarchie de tous genres, de toutes espèces, pas une n'a pu être conservée. Pourquoi? parce que le peuple est fatigué de tous ces saltimbanques avec leurs troupes qui ont des désinvoltures tellement répugnantes que l'on jette bien vite un regard sur le peuple de 89, nos pères, nos devanciers, que plusieurs de nos grandes fortunes, de nos grands industriels devraient bénir au lieu de trahir.

Car de ce jour a cessé les dilapidations, les scandales dont le haut clergé faisait parade, témoin le Cardinal de Rohan.

De ce jour a commencé l'ère de la science, de la pensée.

Sans cette révolution dans l'ascension des idées, beaucoup seraient comme de simples ruraux arrosant de leur labeur la terre pour la faire féconder, en implorant les Législateurs pour conjurer leurs tribulations et améliorer le présent.

Un grand pas a été fait, mais il en reste encore de bien grands à faire, notamment l'émancipation du travailleur.

L'urne ne dit pas le nom du votant, mais les précédents indiquent pour qui est le votant. C'est la fréquentation, la conversation, la lecture.

Autrefois le seigneur était responsable de son district et de ses sujets qu'il appelait ses manants, sa valetaille.

C'était autant de roitelet. Le Curé avait sa dîme et le seigneur ses corvées etc., la sueur du travailleur tombait dans ces deux poches, aussi comment le peuple de cette époque était-il regardé et nourri ? moins que les chiens du seigneur. Quant à la propriété elle n'appartenait qu'au seigneur. C'est la Première République qui a affranchi les ruraux, les paysans.

Le riche campagnard ou la fine fleur de la campagne, riche de naissance ou parvenus, devraient avoir constamment devant leurs yeux cet immense avantage et la traditionner à leurs enfants; de là, concentrer leurs efforts pour soutenir le Gouvernement qui leur a procuré la richesse, l'aisance, sinon une propriété qu'ils exploitent et les fait vivre.

Depuis 90 ans, dis-je, toutes les monarchies ont été essayées et se sont succédées sans pouvoir résister, tout en faisant subir des compressions terribles, désorganisant une partie de la société pour faire plaisir d'apparence à l'autre. Employant toutes les idées et ressources des grands criminels: fusillade, mitraillade, déportation, exil et prison.

Pourquoi est-il matériellement impossible qu'une monarchie existe en France? parceque c'est la question de *ôte toi de là que je m'y mette*, Pourquoi encore ? Parce que c'est une minorité, une fraction dans la nation. Il y a des gens qui font métier de ce jeu infecte, démolir pour reconstruire. Ce qui compromet nos plus chers intérêts, c'est semer la désunion si nuisible à notre patrie.

La République a cela de supérieur à toutes les monarchies.

C'est qu'elle appelle tous les hommes libres et dévoués à la Patrie à concourir à son bien-être, à son homogénéité et à sa défense.

Elle n'exclut personne puisqu'elle compte sur le concours de tous les citoyens. Le mensonge n'est absolument que la parodie des hommes déchus, condamnés par le grand parti national.

Ces êtres saugrenus, cent fois déshonorés voudraient s'ils le pouvaient lui faire renier ses droits et sa victoire. Mais le peuple n'est pas comme ces capitulards Il tient et il conserve. Sa dignité est là.

De 89, pour venir à aujourd'hui, un progrès immense s'est accompli dans le commerce, dans l'industrie et dans les professions.

Autrefois l'on ne connaissait pas de machines-outils, très peu de concurrence dans les métiers, parceque les bras de l'homme faisaient tout. Ces derniers se préservaient de l'avenir, vu que le travail était rétribué en raison de l'époque. Tout relativement, loyer, nourriture étaient d'un prix peu élevé. Les fermes se payaient deux tiers moins qu'aujourd'hui, conséquemment le producteur rural n'était pas exigeant sur les marchés.

Depuis 1830, le jésuitisme, déchu de ses espérances, a poussé insensiblement le riche à l'élévation du fermage. Là, a commencé la nourriture élevée, les concurrences de toutes sortes se sont fait jour, regorgeant d'or, ils ont assemblés les capitaux pour faire la spéculation sur toute chose.

Aussi ils tiennent le travail, le mènent suivant leurs caprices et font de l'ouvrier presque un esclave. En un mot c'est la société renversée, sans équilibre, sans issue, sans définition à son existence fébrile.

La Bourgeoisie émancipée par la Révolution fera bien de méditer les paroles de Turgot, *aller de l'avant et toujours*, surtout aujourd'hui si nous ne voulons revenir à la barbarie et disparaître dans une série de secousses et de cataclysmes.

N'avons nous pas nos voisins, la perfide Albion, la Suisse et les Etats-Unis qui savent que les affaires de la nation sont les siennes propres.

Organisons-nous sans retard, développons notre richesse pour retrouver les quinze milliards que nous a fait perdre la guerre; ce n'est pas par l'anarchie ou la désorganisation sociale qu'un peuple s'enrichit, augmente son bonheur, son bien-être, son intelligence.

En un mot tout ce qui donne les éléments de la civilisation. Le mal qu'il fait, retombe sur lui-même.

Demandez-le à notre vainqueur d'hier, si son peuple est plus heureux, plus libre, s'il paie moins d'impôts.

Je le répéte ne perdons pas un' moment pour produire le plus possible.

Perfectionnons, par là seulement, nous arriverons à la grande solution sociale, non par la guerre sociale mais bien par la paix sociale.

ÉDIFICE SOCIAL

L'édifice social est complétement rompu. Surtout depuis la terrible année de 1871 qui a vu apparaître le traité de Francfort. Traité aussi terrible que l'invasion, parce que c'est une invasion sourde et encouragée par nos ennemis qui met à bas notre commerce, partant de là les bras restent inoccupés à cause de l'abondance des produits étrangers, allemands surtout, qui ont pour mobile de nous réduire à néant commercialement, tant au point de vue agricole qu'au point de vue de toute la fabrication Française, tant renommée sur toutes les parties du globe.

Notre pauvre France mutilée, inondée de toute part, l'ouvrier français ne pouvait soutenir cette concurrence à bon marché, par la raison majeure que le consommateur étant dans le besoin courait au bon marché.

L'ouvrier Allemand vivant à très bon compte et se contentant d'un petit salaire, la fabrication française quoique bien supérieure a été contrainte de subir un temps d'arrêt, qui durera encore malheureusement.

Quel est le remède ? Dénoncer le traité, c'est la guerre et une terrible.

M^{rs} les Germains l'attendent, ils la provoquent à chaque instant, si nous n'avions pas un Gouvernement excessivement prudent, depuis longtemps nous l'aurions eue. Pour cette situation qui viendra tôt ou tard, sommes nous prêts ? Avons nous des hommes capables ? Car c'est la vie ou la mort de la France. Je suis loin de mal préjuger de nos capacités militaires,

mais chat échaudé craint l'eau chaude. Voilà la réfle-
xion à faire sur cette question. En attendant les événements, organisons le travail français et répudions le
le travail allemand. Organisons dans nos chambres
de travail dont je vais avoir l'honneur d'entretenir
mon lecteur; une forte amende pour ceux qui con-
tinueraient à employer leurs produits. Là seulement
nous montrerons que nous sommes Français de cœur
et de sentiment, nous montrerons que nous ne sommes
pas assez idiots au point de donner notre or à notre ennemi acharné. Autrement dire des canons pour nous
faire mitrailler ce qui lui donne de la force et de
l'audace.

L'édifice social comprend toutes les classes de la
société, pauvres comme riches, mais intéresse et touche plus directement l'ouvrier, le producteur qui
souffre, endurant patiemment toutes les phases de
la vie. Car dans le milieu où il se trouve, il en reçoit
toutes les secousses et toutes les péripéties doulou-
reuses.

Le Gouvernement Républicain lui a toujours sourit
parcequ'il croit voir dans ce Gouvernement une Auréole
de bonheur et une revendication de ses droits méconn-
nus, sous tous les régimes monarchiques. Liberté
qu'il possède déjà, mais des améliorations par trop
légitimes dans l'intérêt de son avenir et du présent.

Pour mieux dire et aller directement au but, à côté
de la nourriture intellectuelle que le Gouvernement
lui a donné, il est indispensable de lui donner tous
les éléments possibles à sa nourriture matérielle qui

est la question vitale, capitale.

Sans cette dernière ce serait absolument un attelage risible dont un cheval serait beau, brillant; et l'autre boîteux et laid.

La troisième République a cette belle et noble mission, espérons qu'elle n'y faillira pas.

Les mandataires du Peuple, qui se disent Républicains, auraient dû commencer par cette importante question, attendu que la vie d'un Peuple est la première des choses à prendre cure. C'est cette première étape que nos Gouvernants n'ont pas parcouru. Quand un Peuple est écrasé d'impôts et qu'il manque de travail, c'est le précurseur de très mauvais événements qu'il faut arrêter aussitôt. Sans quoi nos mandataires seraient des incapables et porteraient une très lourde responsabilité devant la nation et devant l'histoire.

Je crains qu'il y en ait beaucoup eu qui ne le soient été que très superficiellement; vu que cette énorme lacune n'est pas pardonnable.

Si l'on veut l'union dans sa famille, partons d'un principe: il faut commencer par la rendre homogène, unie en un mot, dont nous avons grandement besoin au point de vue de notre défense nationale.

En somme, chercher à améliorer l'existence si mouvementée, si saccadée du travailleur, sans cela ce serait un crime d'incapacité, d'impéritie coupable, et justiciable dans une démocratie Française.

Au point surtout où sont arrivés les quantités prodigieuses de machines outils, lesquelles ne profitent qu'aux grands capitalistes, car ils suppriment les bras et diminuent le prix de la journée de travail Témoin ce petit rapport sur une grande fabrique du nord.

Un voyageur de cette importante maison me tint ce langage.

Autrefois, nous occupions six mille ouvriers dans notre fabrique, aujourd'hui avec deux mille, nous faisons avec notre nouvel outillage dans huit jours ce que les six mille faisaient dans un mois.

Par ce petit tableau qui donnera à réflléchir, voilà dans une seule maison seize mille travailleurs de moins par mois.

Au moins s'il y avait un palliatif en compensation, si le rapport de ces machines servaient soient à élever le prix de la journée de ceux qui travaillent, soit à donner des gratifications, soit encore à élever des asiles pour les blessés nécessiteux et vieillards du travail, ce serait amoindrir l'effet désastreux que produisent ces machines; tandis que voit-on en permanence, la misère.

C'est l'objectif frissonnant, glaçant, que le travailleur a constamment devant ses yeux. Il y en a qui parlent à satiété de l'épargne, avant d'épargner, il faut d'abord songer à vivre et à faire vivre les siens. Ainsi devant cette misérable existence, cette épouvantable perspective, l'on s'étonne des vols et des crimes qui surgissent à chaque instant; il ne faut nullement s'en étonner tant que la société sera gangrénée comme elle l'est aujourd'hui, il y aura toujours des natures sauvages, prédisposées à ces horribles forfaits, que la situation précaire de l'existence amèneront à accomplir leurs sinistres projets. Dans ces conditions la Société est aussi coupable que le malfaiteur, car si elle savait mieux choisir ses législateurs, ces grands maux auraient disparus de longtemps. A tout il y a un remède. Je crois que que nous avons toujours trop eu d'avocats et pas assez d'hommes pratiques pouvant raisonner les grandes questions sociales, qui sont la base indispensable de l'Édifice Républicain.

Cependant le Créateur fait luire un soleil pour tous ceux qui sont au banquet de la vie; sans exclusion. Pourquoi différer autant du Créateur, dans ce qu'il appelle ses images. Dans la création humaine il est impartial, donne ses bienfaits sur tout ce qui a vie.

Mais dans ce monde que l'on nomme stupidement humanité, c'est le combat du sauvage, c'est le tigre avec la panthère, c'est à celui qui peut renverser et tuer l'autre. C'est le capital ne risquant rien qui combat le travail, l'accapare, le paralyse et l'annihile suivant son caprice. C'est le Capital qui double, triple son avoir au détriment du travailleur. Ainsi, telle usine dont les actions étaient de 500 fr. se sont élevées à plus du triple. Conséquemment il est arrivé céci: que l'amélioration de l'outillage, a donné carrière aux nombreux spéculateurs, de diminuer les bras, la journée, ensuite, demander aux travailleurs, une somme de travail plus considérable. Celà, pour donner aux actionnaires de bons dividendes, malgré la multiplication des actions. Aussi pour montrer que tel Gérant mérite force remerciement et sympathie et la continuation de sa gérance. Voilà donc le seul et unique mobile de l'état actuel.

Capital vorace sans pitié et frein pour l'humanité.

Tout autre Gouvernement verrait ce même état de choses.

Il ne faut pas se le dissimuler. La fabrication étant trop grande pour la consommation vu le malaise qui existe dans la classe la plus nombreuse.

Dans ces conditions justa-posée, c'est un cataclysme inévitable à bref délai; ceci est indéniable, ne point le voir c'est se boucher la vue.

Si ces deux éléments indispensables à la prospérité de notre nation étaient unis, aucune nation dans le monde ne serait notre rivale.

Notre exportation, qui fait la richesse des nations, serait centuplée, parce que nous pourrions nous présenter avantageusement sur tous les marchés du globe. Malheureusement l'orgueil et la vindicte de la finance tue notre nation. Il faut donc trouver un moyen pour remplacer, pour guérir ce mal, c'est-à-dire trouver de l'argent pour faire marcher les affaires. C'est ce que j'ai trouvé et que plus loin mes lecteurs liront avec plaisir, du moins je le suppose ainsi.

COMMERCE

Le Commerce marche et est florissant quand l'ouvrier gagne sa vie honorablement. Ce dernier ayant besoin de tout, fait vibrer forcément les affaires. Mais quand il est presque anéanti, qu'il a peine pour vivre, il est naturellement contraint de se priver de tout.

Alors que voit-on, pénurie, faillite, tout s'ensuit pour un malaise général. Du reste, çà coule de source quand la masse, le producteur gagné sa vie. Il fait honneur à ses affaires et tout y gagne. C'est le levier et la vie des affaires commerciales et industrielles. Qu'avons-nous aujourd'hui, on ne saurait trop le répéter: écrasement d'impôt et pas de travail continu, qu'un travail de soubressaut et le Gouvernement républicain a montré un air indifférent jusqu'ici. Si, Qu'a-t-on fait? des enquêtes sans résultat, pourquoi? parce qu'il y a incapacité ou indifférence coupable, comme j'ai eu l'honneur de le dire, il n'y a pas assez d'hommes pratiques, d'hommes d'affaires au Parlement. Il y a de beaux discours et point de travail celui qui sait charmer son auditoire, c'est du talent, c'est très beau, mais ce n'est pas le palliatif; la cure, que l'on demande, ce sont des effets et non des paroles.

Ce n'est pas du toxique mais bien du tonique, tout au moins un préservatif.

INDUSTRIE

L'industrie dont je viens d'esquisser le tableau est subordonnée aux deux catégories précitées. Si le placement de ses produits ne s'écoule plus, se ralenti, il renvoie son personnel jusqu'à la fermeture complète. D'autres mieux intentionnés conservent leur personnel et font des stocks pour l'avenir. Ainsi les ouvriers renvoyés ou qui chôment, font arriver la misère dans le ménage, comme disent nos bons voisins les Anglais et Maître Quitard, quand la misère entre par la porte l'amour s'envole par la fenêtre. Alors au sein de la petite communauté, plus d'harmonie, désagrégation de la famille, delà des enfants rachitiques, vu les privations. En somme dégénération de l'espèce humaine.

Voilà en deux mots l'affreux résultat. L'antipathie des partis contre la République est pour beaucoup dans cette crise, ils sont ligués pour paralyser le travail, et c'est toujours le peuple qui est le dindon, qui en supporte les conséquences fatales. Allons voyons un peu froidement quelles sont les catégories qui s'acharnent contre le Gouvernement.

La haute finance, la noblesse, la haute et la petite bourgeoisie, sans oublier le parti le plus remuant, le plus audacieux et le plus astucieux, le clergé.

Tous ces maudits êtres conspués n'en conspirent pas moins contre son existence, et cependant pour la plupart, ce sont des parvenus, sortant des nobles rangs du Peuple, je dis noble parce que un bon père de famille qui fait son possible, pour être honorable dans la société, qui passe son chemin droit sans courber l'échine et le front, est je le répète, cent fois plus respectable que ces mécréants, qui ne cherchent qu'a faire comme la hyène, à sucer le sang du petit en fortune, mais grand en cœur et en sentiment. Quel arme a le peuple pour se défendre contre toutes ces pieuvres? Point. Pourquoi ? parce que c'est un Gouvernement sans énergie, qui n'a pas eu jusqu'ici d'initiative et d'idées pour satisfaire le Peuple.

Le peuple ne demande pas le bien d'autrui, il le respecte; mais il veut ses droits par des institutions solides, qui lui améliorent sa position par trop ébranlée et mouvementée. S'il arrive des défections dans le parti et des orientations excentriques, aux gouvernants seuls en revient la faute.

Dites avec moi qu'il lui faut une exemplaire résolution d'opinion, pour pouvoir résister à cet atermoiement indéfinissable.

L'on ne marchande pas avec le peuple, sa patience à bout, il prend des résolutions suprêmes et inattendues.

Ainsi, je supplie le Gouvernement de hâter la solution du problème social si impatiemment attendue.

Surtout, pas de participation aux bénéfices comme je l'ai entendu dire à quelques Députés, c'est la chose la plus absurde du monde, ni des allocations aux sociétés existantes qui ne sont qu'une minorité dans la nation.

Comme je vais le dire, généraliser ce qui existe partiellement.

ORGANISATION

1° Chaque commune nommera deux délégués, l'un Patron, l'autre ouvrier. A chaque canton les Délégués des communes nommeront en raison de la population du canton, un groupe de Délégués moitié Patrons, moitié ouvriers.

Agriculteurs pour la Campagne et en ville pour les divers professions. Ces Délégués formeront la Chambre de travail, dans chaque chef-lieu d'Arrondissement, laquelle siégera aux époques indiquées.

2° A cette chambre auront lieu uniquement les questions de travail.

1° Des moyens utiles, applicables, propres à relever le travail national.

2° En assurer la continuation.

3° Trouver le moyen pour donner une vive impulsion à l'Agriculture, au Commerce et à l'Industrie.

Bureau

3° Le Bureau se composera d'un Président, deux Vice-Présidents, d'un Secrétaire et d'un Questeur, renouvelables chaque année.

L'ouverture de la session de chaque année sera présidée par le Doyen d'âge jusqu'à la constitution du bureau.

4° Après chaque séance le procès-verbal sera dressé minutieusement et scrupuleusement en stipulant les réformes demandées et votées, qui sera envoyé au chef-lieu de département, lequel l'enverra ensuite immédiatement à un conseil supérieur siégeant au Gouvernement, composé d'hommes spéciaux qui statueront sur l'opportunité des réformes réclamées, pour être appliquées soit par département, soit par région, s'il y a unanimité ou tout au moins majorité, car ce serait ridicule de demander des réformes pour un seul Arrondissement; ce ne pourrait être qu'à son préjudice, à moins qu'il y ait une ou plusieurs usines importantes ou des houillères. Par ce moyen, le Gouvernement aura sa responsabilité dégagée par la raison que tout ce qui compose la classe productrice, aura entre ses mains l'initiative des améliorations propres à régénérer leurs divers professions agricoles de commerce, d'industrie, chacune dans leurs spécialités.

Par ce plan très facile, très applicable, cette nouvelle organisation appelant tout le monde à vivre de sa spécialité, de son métier, il ne reste plus qu'à mettre une barrière à la misère, attendu qu'il est par trop logique, que du moment qu'il y a des tribunaux pour flétrir les malfaiteurs. Par contre, la société doit s'unir pour récompenser l'homme honnête qui n'a pu acquérir pour se mettre en sûreté contre la misère. Toutes les administrations de l'État ont leurs rentiers, à plus forte raison celui qui supporte toutes les vicissitudes et les charges de la vie, doit-il avoir les siens.

4° Tout Électeur serait imposé d'une cotisation de 1 ou 1 fr. 50 par mois, depuis le Président au plus humble.

Cet impôt-cotisation sera employé en prêts à l'Agriculture. Cérès a dit: plus vous me donnerez, plus je vous rendrai, notre premier devoir est je crois de tourner les yeux vers cette belle Déesse, afin que son rendement soit plus considérable; partant de là, les aliments de première nécessité viendraient forcément meilleur marché. Par ce moyen, cette amélioration apportée à cette question vitale, nous n'aurions pas à redouter la concurrence étrangère, dont les ennemis de la République font si grand bruit, puisque nous aurions chaque année des excédents qui enrichiraient la nation.

Après l'Agriculture, les prêts auront leurs effets pour le Commerce et les associations ouvrières. Pour y arriver il faut généraliser ce qui existe particiellement d'autant plus, que depuis 48, l'on a créé des sociétés qui ont été patronnées sous l'Empire. On doit considérer que l'institution est passée dans les mœurs.

Les Sociétés de Secours Mutuels.

5° Les Patrons seront responsables de la cotisation de leurs employés qu'ils paieront chaque mois au Receveur préposé à cet effet. Les communes seront également responsables de leurs pauvres.

6° Les personnes faisant des métiers ambulants solderont leurs cotisations chaque mois dans les localités où ils se trouveront avec le visa de la mairie, en désignant la localité et le département où ils voudront faire diriger leurs cotisations. Les correspondances seront gratis pour le territoire français et les colonies françaises.

Des Prêts

7° Tout emprunteur, sur garantie convenable, sera sera tenu de verser l'intérêt de la somme empruntée, au taux de 6 0/0 à délai fixe, afin de pouvoir décerner les rentes.

8° Les sommes empruntées seront remboursables par fractions et annuités, suivant les conditions prises par l'emprunteur, sans autre délai que celui fixé par la partie contractante, dont il devra se conformer scrupuleusement.

J'ai porté l'intérêt à 6 0/0, afin d'avoir 5 0/0 net pour les rentes, le 1 0/0 sera pour les frais de bureau et employés.

Ce ne sera plus du 12 ou 15 comme chez les banquiers. Ainsi, avec le tableau que l'on verra plus loin, seulement avec la cotisation générale de 1 fr. par mois, chaque arrondissement pourra disposer pour la caisse de prêts, de 380 mille francs. En plus, chaque arrondissement disposera annuellement d'une somme de 40 mille francs pour secours immédiats. Il est bon de dire que je prends pour type mon département. (*Saône-et-Loire*) dont j'ai pris pour point de départ, 175 mille électeurs et il y en a plus.

9° Une école agricole sera établie par chaque arrondissement ou département, afin d'assurer le développement de cette branche essentiellement utile. De ces écoles sortiront des jeunes gens qui auront acquis des connaissances techniques et feront faire un pas immense à l'Agronomie. En appliquant tel ou tel engrais et culture à tel sol et à tel exposition. Il ne faut pas se le dissimuler, notre agriculture serait cent fois supérieure s'il n'y avait pas manque de connaissance et d'argent. C'est toujours la vieille routine; cette nouvelle Pépinière, lui donnera indubitablement une forte et nouvelle impulsion.

Messieurs les Pédagogues, dont tout le monde admire et loue le dévouement, pourraient prédisposer la jeunesse rurale en lui donnant les matériaux nécessaires. Ensuite les professeurs de ces écoles, aidés par les instituteurs de chaque commune, pourraient se porter sur les lieux où des travaux d'améliorations seraient indispensables; ils dresseraient un devis des travaux à exécuter pour être imposé aux propriétaires.

De l'emploi des cotisations.

10° Afin d'être bien compris je vais répéter un peu ce que j'ai dit. Comme j'ai eu l'honneur de vous le dire, je prends mon département pour exemple: J'ai dit plus haut que tout électeur pauvre comme riche, paierait une cotisation de 1 ou 1, 50 par mois, j'ai pris 175 mille électeurs à 1 fr. Chaque année cela fait 2 millions 100 mille francs. Centralisez au chef-lieu de département, répartition faite, chaque arrondissement, a chaque année en mains 420 mille francs. Attribuez à chaque arrondissement 40 mille francs pour subvenir aux besoins les plus pressants et soulager la misère cachée. C'est-à-dire je m'explique, pour installer suivant les besoins de la population un ou plusieurs fourneaux qui donneraient deux fois par jour, bouillon et portion en alternant gras et maigre.

Des ouvriers, employés et patrons

Il est indispensable au point de vue des intérêts respectifs de chaque travailleur et employé de prendre pour l'avenir des garanties suffisantes, afin de ne pas jeter dans la misère des pères de famille, qui ont sacrifiés une partie de leurs existences, qui subissent leurs renvois sur le moindre caprice d'un individu; voulant se faire le dévoué d'un patron et en vil adulateur sacrifiant ainsi son semblable qui pourrait lui être supérieur.

1° Tout ouvrier ou employé renvoyé en référera au Président de la chambre de travail, lequel fera procéder à la nomination d'une commission parmi les délégués sous sa présidence, laquelle statuera, si c'est pour cause politique, ou des raisons futiles; si ces deux causes sont l'effet du renvoi, le Président informera immédiatement le patron de l'usine de continuer les appointements ou la journée, jusqu'à ce que l'individu renvoyé ait trouvé du travail ou une place.

2° Si les individus ci-dessus sont renvoyés par raison de santé et qu'ils soient dans la nécessité, les Patrons des usines seront tenus de pourvoir à leur existence, ainsi qu'à celle de leurs familles, jusqu'à ce qu'il en ait été décidé autrement par la chambre de travail.

3° Quand une usine sera reconnue avoir du travail et faire chômer par vindicte politique contre ses ouvriers, le gouvernement avertira aussitôt le Gérant ainsi que les actionnaires: après ces avertissements, le gouvernement en prendra possession et fera continuer les commandes, le travail.

4° Le Gérant sera puni de prison et d'une forte amende pour attentat à la vie de ses ouvriers.

Des Voyageurs.

11° Dans l'établissement ou seraient installé les fourneaux les voyageurs dans le besoin, seraient nourris et logés gratis; l'on établirait un dortoir avec des lits de fer un certain nombre, pour pouvoir recevoir les ouvriers voyageurs. Toutes les nuits, un agent serait de planton afin d'éviter les scènes de désordres qui pourraient se produire et en même temps assurer la sécurité aux voyageurs. Les maires, les commissaires de police et les chambres de travail auraient la surveillance du fonctionnement de ces établissements. Comme il est très probable, qu'avec cette somme, de 40000 il pourrait se faire des économies. Chaque année, après les intérêts de la construction ou dela location payée, avec un amortissement d'un dixième, s'il y avait construction, une construction légère, car il n'y a pas besoin d'un monument, il faut chercher l'utile avant l'agréable.

Des Dotations.

12° Le surplus, l'excédent serait desservi chaque année aux plus pauvres jeunes mariés, autant il y auraitde deux cu trois cents francs à disposer, autant d'heureux l'on ferait.

Au moins si la vieillesse a son objectif la jeunesse aurait aussi le sien.

Des Rentes.

1.° Tous les ans à une époque désignée les rentiers seront proclamés au chef-lieu d'arrondissement.

Chaque mois la retenue de 1 fr. sera faite aux pensionnés pour la cotisation, soit par le payeur qui qui le transmettra à qui de droit, au Receveur si ce n'est pas lui qui est chargé de payer et d'encaisser.

Les rentes commenceront par les plus nécessiteux et les plus âgés de l'arrondissement.

14° Les veuves jouiront de la moitié de la rente; c'est-à dire 300 francs, si la veuve restait avec enfants elle jouirait de la retraite entière jusqu'à l'établissement des enfants, sauf déduction de la cotisation.

Relèvement des professions.

15° Comme à chacun doit revenir son mérite, tous les ans si c'est possible, il y aurait par arrondissement ou département une exposition de tous les métiers.

Alors, des primes seraient décernées aux plus méritants, c'est-à-dire au chef de maison, pour ses capacités personnelles et à ses ouvriers pour l'ensemble, car il est facile de penser qu'il peut avoir des ouvriers très capables, plus capables que les patrons. Par ce moyen notre travail national se relèverait d'une manière considérable, chacun suivant sa spécialité et les divers prix de sa profession.

Produits Allemands

1e Les chambres de travail avertiront par toute publicité possible que les citoyens français doivent s'imposer de ne plus se servir des produits fabriqués en Allemagne ou de tout autre provenance, s'il y a lieu; attendu que la crise ouvrière, pour mieux dire la misère des travailleurs, ne vient que de ce fait.

2e Un délai sera accordé à tout détenteur de ces produits pour l'écoulement.

3e Le patriotisme ordonnant de réagir contre cette invasion mille fois plus terrible que l'invasion armée, une forte amende sera imposée par les chambres de travail aux négociants qui ne se conformeraient pas aux prescriptions susdites.

4e Dans le cas de récidive, une pénalité sera édictée par les chambres de travail.

Ne pouvant dénoncer le traité de Francfort sans avoir la guerre, cette mesure fera taire la rancune passionnée de notre très-cher et très tendre ami Monsieur de Bismarck qui a juré de nous réduire à néant par une invasion commerciale. Si nous avions la guerre avec cette puissance, nous userions de toute l'énergie possible pour ne pas succomber; conséquemment, nous devons donc réagir énergiquement contre cette invasion commerciale, qui jette des centaines de milliers de bras dans la misère et la perturbation dans tout le rouage commercial. Le salut de la

France exigeant des mesures extraordinaires, il est grandement temps d'organiser, d'agir et de montrer au grand chancelier allemand qu'il existe encore du sang français et que capituler devant l'horrible position qui nous est faite, ce serait descendre au rang de l'idiotisme; comme personne en France ne veut mériter cette apologie malsaine venant des germains, il faut scinder le mal par une organisation vigilante telle que je l'indique.

DES CONCESSIONS MINIÈRES

Les concessionnaires sont des privilégiés hors ligne, c'est de la pure féodalité, avoir le droit de s'étendre, de remuer ciel et terre sur un périmètre de...... ne diminuant jamais les marchandises qu'ils font extraire des entrailles de la terre, loin de diminuer ils ont doublé les prix, que l'on pense le nombre de millions que certains concessionnaires possèdent; aussi soyez bien certain que ceux-là ne sont pas républicains et du jour où la République disparaîtrait, ils seraient comme le gaulois tout en joie. Ils entassent millions sur millions au détriment de l'ouvrier et ne s'inquiètent seulement qu'une bombe anarchiste ne vienne troubler leur marche altière et opulente, mais la société mieux intentionnée qu'eux veille à leur sécurité. La société ne demande qu'une chose, c'est la tranquillité et des affaires, mais non des conspirateurs qui ont l'audace de se dire défenseurs de nos intérêts, des troubles pays en un mot, qui ont tout fait hors le bien. Jadis, qui se miraient dans les exécutions et dans les déportations, qui en feraient peut-être pire aujourd'hui. Enfin des hommes qui ont ruiné, sali le nom de la France, témoins, les 20 milliards portés à leur passif dont nous payons les impôts, l'expédition de Crimée qui a coûté 130 mille enfants et près de deux millions à la France; le Mexique, plus d'un milliard et 30 mille enfants; la guerre de 70-71, 160 mille hommes et 10 milliards, l'Alsace et la Lorraine perdues, 1000 fabriques qui sont à la Prusse. Ensuite l'Italie, la Chine, la Syrie et la Cochinchine, 40000 honnêtes citoyens arrachés à leurs familles pour être transportés à Cayenne et Lambessa; il est grandement temps d'opérer les réformes utiles comme celles précitées et de prendre des mesures énergiques contre les agitateurs du dedans.

Propagande Républicaine

Il y a de certains passages dans la vie, ou des hommes et des partis, prennent pour point d'appui des éléments tellement hétérogènes, pour auxiliaires des subterfuges occultes, hideux au possible que non seulement ils sont surannés, contaminés par leurs passés; mais bien plus, ils portent dans leurs abjectes conduites le souvenir des plus mauvais jours de notre histoire, vouloir se faire donner un blanc-seing par les électeurs, c'est se payer d'une audace incomparable et prendre la nation pour idiote. Il faut donc réagir vivement contre cette tendance, qui caractérise une indifférence coupable, qui est l'oubli des crimes commis, car l'idiotisme, ou le manque de discernement occasionné par ces paroles dorées, trompeuses et fastidieuses des hommes et de leurs publications auraient pour résultat de nous jeter dans un cataclysme épouvantable. Oui; pour réagir, il faut plus que jamais de la part des républicains, des hommes dévoués, capables et logiques pour porter la parole et instruire les populations rurales.

La taupe a commencé son œuvre de dévastation et elle continuera; il faut l'atteindre jusque dans son repair, sans quoi elle minera nos pas et nous fera sombrer.

Morphée a toujours été le talisman du parti républicain, tandis que les partis contraires qui sont toujours revêtus de la pourpre d'ignace pour dissimuler Mars· et Némésis, n'attendent que le moment propice pour saper l'édifice.

Des Conspirateurs

Il est grandement temps de mettre un frein à toutes les conspirations de quelle part elles peuvent exister.

Comme nos députés républicains nouvellement élus doivent prendre pour principe, l'union et une union solide, sans quoi les républicains de la chambre perdraient à tout jamais la République, car la leçon donnée par les dernières élections doit dicter leur conduite énergique.

Art. 1ᵉʳ — Tous conspirateurs seront punis d'une forte amende en raison de leurs positions de fortune, pour la première fois.

Art. 2. — S'il y a récidive, ils seront déportés et leurs biens confisqués au profit des caisses de l'État ou des travailleurs.

Quand les ennemis de la France se paient d'audace après avoir déshonoré et ruiné la patrie; que non contents d'un passé odieux, ils ourdissent encore un vaste p'an de désorganisation et de division qui, pour conséquence immédiate, jette le pays dans un malaise général et affaiblit notre union si indispensable à notre défense nationale, marchander des lois énergiques, c'est se rendre coupable envers la nation.

Les conspirateurs ont montré qu'ils ne désarmaient pas et resteraient toujours les mêmes. La conciliation a montré une fois de plus que c'était presque une trahison en face des conséquences funestes, désastreuses qui pourraient surgir.

N'est-il pas abominable, révoltant, de payer sans cesse des impôts formidables pour des incapacités criminelles; qui n'ont jamais fait métier que de déshonorer et ruiner leur pays, conspirer contre un Gouvernement que la nation s'est donné après de trop dures et d'inoubliables leçons; de l'hésitation pour la répression, c'est de la lâcheté. Ha! sans doute ils tirent à bout portant sur nos écoles; ils les mitraillent: l'instruction laïque les affolent, leur raison de panique pour l'avenir est vrai: car du jour où l'instruction portera ses fruits, leur règne sera celui de se taire, de s'effacer de la scène politique. Les nombreux jours néfastes de leur satanée histoire soulèveront de mépris nos jeunes générations et à leur tour répondront par des projectiles pacifiques aux attaques insensées et furibondes d'aujourd'hui.

Assez de sanie comme cela dans le breuvage de notre chère Patrie.

Résumons: Dans Saône-et-Loire, département que j'ai pris comme exemple, tous les ans la caisse agricole pourra disposer par arrondissement dans les cinq, de chacun 380 mille francs. En outre, chaque arrondissement aura en plus 40 mille francs. Comme je l'ai dit maintes fois pour subvenir aux besoins les plus pressants. Plus, par arrondissement toujours, il y aura 633 retraités à 600 f. s'augmentant du même nombre chaque année. Dans dix années il y aura 31,660 retraités dans le département et 19 millions de prêté à l'agriculture, et chaque arrondissement aura secouru ses pauvres pour la somme de 400 mille francs.

Dans vingt années le chiffre des retraites sera doublé ou il faudra s'arrêter pour doubler la somme des rentes, car tous ceux qui possèdent un certain bien-être, seront exclus à moins d'avis contraire, ou bien encore le taux des prêts, sera diminué de moitié: au lieu de 6 pour 0/0, l'intérêt ne serait que de 3 pour 0/0. Voici la perspective que j'offre dès à présent à ceux qui nous suivront: travail, sécurité pour l'avenir, Instruction et liberté. Les générations futures sauront au moins apprécier leurs devanciers, comme nous mêmes nous devons avoir une entière reconnaissance pour les nôtres.

Il y a bien d'autres moyens, tels par exemple les loteries par département etc. Autre moyen: c'est d'aller chercher nos cinq milliards chez messieurs les Germains, ce qui nous donnerait 110 980 retraités par département pour les intérêts à 5 pour 0/0 seulement.

Il y a une parole que je n'ai jamais oubliée, qui est celle du grand MAGYAR KOSSUTH: Quand l'on veut, l'on peut .Il n'y a donc qu'à vouloir pour pouvoir. C'est cette volonté raisonnée, énergique qui a toujours fait défaut aux républicains.

DÉPARTEMENT DE LA SEINE

Le département de la Seine qui n'est pas agricole pourra convertir sa cotisation par des prêts aux fabricants, aux commerçants et associations.

Les villes manufacturières pourront s'attribuer suivant leurs populations, car il faudra tenir compte de ce chiffre une somme plus ou moins importante suivant avis préalable de la chambre de travail, et en cas de difficulté de la chambre supérieure, statuant en dernier ressort.

COOPÉRATION

Je ne dirai qu'un seul mot. Dans le pays où je réside pour le moment, il y a plusieurs sociétés coopératives. Elles ont aboutis à faire diminuer le prix du pain, cela est avantageux pour le consommateur. Mais en revanche tous les bons clients sont allés à eux, de sorte que le reste paie plus ou moins bien. Ensuite comme le nombre des patentés-boulangers s'est diminué forcément, et que les sociétés coopératives ne paient rien à l'État, il en résulte que les autres patentés supportent les charges, ce qui fait nullement plaisir aux autres. Actuellement, je pose une hypothèse; que tout se mette en coopérative, qui paiera les charges de l'État ? Avec mon système d'une simplicité remarquable, je fais disparaître tout cela. Je comprends la coopération, l'association pour faire résistance à une usine récalcitrante, qui s'érige en maîtresse dans un certain rayon, là c'est très logique. Mais se battre entre peuple, c'est à mon point de vue complétement illogique et absurde. Ceci dit passons, comme couronnement de l'édifice. Il faut que chaque citoyen travaille, qu'il ne fasse le métier de vagabond. Il faut qu'il prouve ses moyens d'existence, sinon la sécurité publique en souffrirait, parce que c'est le chemin direct des vols et des crimes: s'il refuse à travailler donc c'est un parasite; comme il ne faut pas que l'honnête homme soit victime de ces êtres cent fois infâmes, comme cela se pratique trop souvent aujourd'hui, il faut en peupler nos colonies.

S'il y a réellement un trop plein comme bras inoccupés, facilitez l'émigration dans notre empire colonial par tous les moyens possibles. Par cela même la métropole y gagnera et notre marine marchande n'en pleurera pas. En outre, les transactions commerciales accroîtront leurs exportations et prendront un développement considérable. A tous les maux il y a des remèdes qu'il faut savoir employer sans hésitation.

Je crois Messieurs, et j'en ai la conviction, que je viens de tracer le mal et le remède à la grande solution sociale. L'ouvrier sera satisfait, l'agriculture avec des baux plus longs, (Le bail court n'a jamais été avantageux pour les deux partis) sémera l'abondance dans le pays. Le commerce et l'industrie reprendront leur essor par l'aisance qui se produira. De plus, le gouvernement républicain sera impérissable, attendu que les partis hostiles n'auront plus leurs raisons d'être, car ce qui fait la force de nos ennemis c'est de ne rien avoir fait pour le Peuple. Bien plus encore, c'est d'avoir fait des commandes à l'étranger quand le pays manque de travail, ceci est impardonnable, puis encore il y a des républicains qui ont vieilli sous le harnais, qui ont tout sacrifié, ne peuvent obtenir une petite place, tandis que le loup est dans la bergerie, pour mieux dire les administrations regorgent de réactionnaires; c'est terrible. Et l'on appelle cela gouverner ! quand nos ennemis sont au pouvoir, ils renvoient sans pitié, c'est un hécatombe général. J'espère que la leçon que Messieurs les opportunistes reçoivent, ouvrira enfin les yeux à tout le parti républicain. Le peuple aux abois dans la misère, ne recevant rien, s'est lancé indistinctement dans les deux camps opposés, Conservateurs ou Révolutionnaires et Radicaux.

En somme, soyons logiques et concluons:

Autrefois, le Peuple était soumis au Seigneur de son rayon, aujourd'hui, combien y a-t-il de seigneurs dans son Département, Arrondissement, même dans son Canton. Tout ce qui est parvenu à la fortune, se croit au-dessus du travailleur, serait-il le plus nigaud, le plus obtus de la création. Enfin un aliboron de nature que c'est ainsi. Le travailleur a beau hausser les épaules, ne voir qu'un crétin dans celui qui le dirige, l'opprime, n'ayant rien pour lui pour sa défense, il est forcé de s'incliner, de se courber.

Constamment, l'on nous représente l'immortelle révolution de 89. Oui, mais depuis cette époque, tout a tourné toujours et toujours contre le travailleur. Loyer, nourriture, impôt et travail, au lieu d'avoir un oppresseur il en a cent. Comme j'ai eu l'honneur de les catégoriser, *Noblesse, Haute Bourgeoisie, Finance, Industrie, Haut Commerce et Cléricaux* surtout ces derniers qui emploient tous les moyens.

Il faut donc de toute nécessité la transformation que j'ai indiquée, pour rendre la France forte, prospère et unie sous le même drapeau. Sans cela nous retournons à grands pas vers la barbarie avec son hideux cortège. Du reste, le système que je propose est la seule solution simple, applicable et possible et en même temps ce sont les véritables droits de l'homme, proclamés dans notre première Révolution et méconnus aujourd'hui.

Si vis pacem para bellum,
Dans la paix préparons-nous à la guerre.

ARMÉE

Je ne serais vraiment pas patriote, si, comme ancien officier de l'année terrible je n'en disais un mot.

Tout d'abord procédons par ordre. Une nation est réellement tranquille quand tout ce qui la compose concourt à sa défense.

La République helvétique peut-être donnée comme exemple. Quoique étant un pays neutre, inattaquable qui est sous la sauvegarde de toutes les puissances européennes, tout est militaire et tout peut-être réquisitionné pour la défense en cas de violation.

La République française est bien loin d'avoir la même organisation et les mêmes défenseurs. Bien loin d'être sous la protection des autres puissances, elle est au contraire l'antagonisme des autres.

Par cette seule raison, elle devrait être armée jusqu'aux dents, pour être prête à tous les événements. Dans les jours de malheur, l'on regrette que le nombre des combattants ne soit pas plus élevé. Aussitôt revenu à une tranquillité apparente, notre pays se croit invulnérable et l'inertie remplace l'énergie.

Nous avons certainement une assez belle organisation sur le papier, ceci suffit-il ? Ce serait une très grande erreur de le croire. Cette organisation en tant que réserves, je voudrais les voir travailler; ce n'est pas en faisant treize jours à des intervalles démesurées que l'on obtient la qualité et la renommée. C'est par un travail plus suivi, par des réunions fréquentes, que l'on arrive à des résultats satisfaisants, que l'idée de la défense de la Patrie, que l'amour et l'honneur de son drapeau se répercute dans tous les cœurs; c'est cette vibration constante que désormais le Français doit avoir dans le cœur. L'organisation actuelle, peut avoir son bon côté, je loue même les auteurs, ce panégyrisme n'est pas pour enlever le mérite à ceux qui l'ont conçu; car ceux-là rêvaient à l'employer pour l'intérêt de leur cause et de leurs vengeances, ils ont travaillé à rebour de leurs pensées et idées.

C'était contre la République et contre l'Italie particulièrement, si cette dernière se rappelait ce que la France a fait pour elle, sans compter sur sa reconnaissance, comme on l'a déja vu, son alliance ne devrait pas être à faire, car du jour où la République sombrerait, son existence serait en péril. Oui, que cette puissance ne se fasse aucune illusion à cet égard. Du jour où la République française serait anéantie, elle pourrait compter sur sa décadence, ses jours et ses heures seraient bien limitées, attendu que nos cléricaux aidés de tous les partis monarchiques remettraient au prix de beaucoup de sang et d'argent s'il le fallait, les choses comme elles étaient précédemment, surtout, en ce qui touche la puissance temporelle du Pape.

Gouvernants! Si vous voulez que la France soit mise à l'abri des intrigues et des surprises, faites comme disait l'immortel pionnier et martyr du devoir et de l'humanité, le vénérable RASPAIL à la veille de la guerre, *Quand vous aurez armé*. Tous les Français valides, alors là seulement la nation pourra respirer librement. Rétablissez la Garde nationale, qui s'est montrée sur bien des points héroïques à preuve CHATEAUDUN, DIJON, AUTUN, NUITS et la brave garde nationale de Paris, sans le trop fameux Trochu aurait débloqué Paris, terrassé l'armée allemande, donné la main aux armées de province et réalisé la prophétie du Prince Frédéric Charles; *pouvoir entrer mais ne pas savoir sortir de France*. Nommez des chefs de légion par arrondissement qui seront libres de faire faire des exercices, marches, mouvements dans l'intérêt de la défense et pourront même se concerter avec un ou plusieurs voisins pour faire des petites guerres prenant des positions au cas où l'ennemi entrerait dans leur département respectif, ceci sous la surveillance des Généraux si on l'exige. Là, les capacités militaires, se multiplieront et étonneront notre nation qui tatonne trop, Des Hoche, des Marceau, des Desaix, des Soult, des Joubert, voire même des Carnot sortiront des entrailles de la nation armée, non seulement cette institution qui déplait souverainement aux réactionnaires porterait ses fruits comme défense, commerce et sécurité intérieure, en même temps entretiendrait dans les armes nos réserves.

Ne devant compter que sur nous, il faut non seulement en imposer par le nombre, mais bien par la qualité également, ce qui encouragera à former de bonne heure notre jeunesse dans la carrière des armes. Nos Petites Compagnies de Pupilles pourront figurer dans les rangs, ce sera en un mot une école militaire dans toute la nation.

Il ne peut et ne doit jamais avoir trop d'armées et être trop instruites. Opposons la ruse à la ruse, puisque la guerre est la ruse, témoin les batailles livrées jusqu'à ce jour. Par ces moyens nous en imposerons à toutes ces puissances que nous avons faites et laisser faire à nos portes, lesquelles profiteraient de nos divisions et de nos faiblesses, si nous n'y prenions garde (*bien entendu par reconnaissance*) La position de la France est semblable à un individu volé qui guette sans cesse pour ne pas être spolié davantage.

Dans notre cher pays, l'on est malheureusement pas assez sérieux et prévoyant.

L'art de la guerre, puisque c'est un art, jusqu'à ce que les puissances Européennes aient compris la ruine qu'elles engendrent de part et d'autres pour avoir sur pied des armées innombrables, dont les sommes folles serviraient bien mieux à soulager l'humanité, puissent avoir la sagacité et la résolution de désarmer. Il faut que ce métier soit encouragé au plus haut point dans une nation belliqueuse comme la France, qui a toujours été victorieuse, quand elle n'a pas été surprise et trahie.

La France n'a pas voulu s'agrandir en Europe, quoique qu'elle eût pu le faire, elle a joué avec l'honneur pour rendre service à ses voisins; elle en a été la dupe, c'est ce métier de dupe qui en même temps a jeté une perturbation dans nos finances qu'il faut se défaire. comme disait jadis NAPOLÉON le petit (*La France est assez riche pour se payer de sa gloire.*) Il faut travailler désormais pour notre propre compte. Du reste pas une puissance soi-disant amie que nous avons faite ou laisser faire nous a tendu la main. Quand ce triste monarque nous a déclaré la guerre, qu'il groupait, qu'il échelonnait 220 mille hommes sur une étendue de 40 lieues, devant un ennemi terrible, acharné, préparé depuis 1806, il fallait avoir perdu l'usage de la raison.

A ce propos quand l'on se rapelle que BIARRITZ a été le témoin des propositions fallacieuses, audacieuses de conquêtes, par le grand diplomate Allemand. Quoi que notre ennemi, c'est un homme d'un grand mérite pour son pays, ce serait à désirer que la France en possédat de semblables, attendu que la Diplomatie joue un énorme rôle pour la politique intérieure et extérieure, à ces propositions d'immobiliser la France; pas un homme, pas d'esprit mais clairvoyant perspicace, ne s'est interposé contre cette marche envahissante. Pas un homme de tout l'entourage du céleste Empereur n'a compris les destinées que nous pouvions avoir et que nous avons eues avec ses conséquences désastreuses. On eut dit réellement que bercé dans les honneurs et les plaisirs, ces excellentissimes membres dirigeants qui ont si bien dirigé la nation dans la ruine, dans le déshonneur avaient attrapé le splenn ne songeant nullement à la nation, la preuve, c'est que tous nos arsenaux et places fortes étaient presque vides malgré les nombreuses allocations de chaque année, témoin le bilan de l'Empire dressé par Monsieur le Duc Daudiffret-Pasquier, 10 mille canons, et 1 400 000 fusils manquaient à l'appel, c'est donc une ruine pour un pays que d'avoir des monarques.

Il faut que la France remonte sur son cheval de bataille, et fasse voir qu'elle n'a nullement dégénéré, qu'elle est toujours animée des meilleurs sentiments envers les autres puissances, mais qu'il ne faut pas la provoquer, sans cela on la trouvera prête à venger l'opprobre fait à son drapeau, attendu que le sang des Vercingétorix, des Marceaux, des Hoches etc, coule encore dans nos veines.

Le Français a toujours porté dans les plis de son drapeau l'emblême, le blason que toutes les nations doivent suivre (*Humanité*). Quand une nation se courbait sous le joug d'un tyran, la France allait gaillardement lui offrir son bras, son épée, voir même ses millions, témoin l'Amérique, témoin l'Italie. quelle gratitude a-t-elle reçue? ingratitude sur ingra-

titude. Maintenant il faut qu'elle travaille pour elle-
même et énergiquement, sans esprit de conquêtes.

Le Peuple Français ne baissera jamais. S'il a toujours des chefs à la hauteur de son courage, je sais
bien qu'il y en a qui sont simplement bon qu'à tou-
cher les émoluments, mais ceux-là le Gouvernement
doit les connaître pour ne jamais leur donner le
moindre commandement, somme toute: Il faut une
grande épuration dans toutes les administrations,
sans cela ce serait souffrir l'inoculation d'un virus
qui deviendrait contagieux, car tout ce qui touche au
clergé est l'ennemi du Gouvernement.

Reportons-nous en 70, la France était arrivée au
paroxysme de la corruption. L'amour de la Patrie,
l'amour du drapeau était presque néant, que serait-
il arrivé si nous n'avions pas eu l'illustre GAMBETTA
se dévouant jusqu'au point où il l'a fait, affrontant
la mort à chaque pas, n'ayant en vue que la Patrie
et rien que l'honneur de la Patrie.. Jeune, il n'avait
qu'un désir, c'était avec les armées habilement orga-
nisées de vaincre l'ennemi, mais malheureusement
notre pauvre France infatuée d'un régime odieux,
qui laissait tout entre les mains des hommes noirs
dont il n'est sorti de tous temps que désastre sur
désastre, lui avait enlevé toute son énergie. Le courage de l'incomparable enfant de la Patrie a du moins
sauvé son honneur, ne se lassant jamais dans les
jours de danger, il sauvait au 16 mai, par son courage
héroïque la République en posant le fameux et impérissable dilemme: se soumettre ou se démettre, sous

ce beau régime des 24 et 16 mai, que pas un citoyen ne devrait ignorer, qui devrait faire voir combien ces gens seraient bons et aimables s'ils revenaient au pouvoir. Il faut réellement être dans l'idiotisme pour ne pas voir que la pauvre nation française serait perdue à tout jamais avec tous les malheurs inimaginables. Trois milliards trois cents millions de budget c'est plus que suffisant pour ouvrir les yeux au plus imbécile. Oui ce grand tribun flétri un instant, par cette bande infernale dont la terre ne devrait plus en vomir, se multipliait partout dans cette tourmente. Avec son éloquence aimée qui partait du cœur et qui touchait les hommes les plus timorés. Cette grande âme avec sa pensée et soutenu par son infatigable courage soulevait et encourageait le parti à la victoire, ravivant les idées, il ne désespérait jamais de rien. Victorieux sur toute la ligne, plus qu'ARISTIDE, DÉMOSTHÈNE et SCIPION il pardonna à ses ennemis qui lui avaient juré non seulement la prison, mais toutes les tortures de la mort. Il prit exemple sur SOCRATE: prenant la sagesse pour guide, afin de maîtriser les colères pour ne point aventurer la conquête tant disputée. Cette âme généreuse, revêtue de la pourpre de Minerve, ne rêvant que la grandeur et le bonheur de la Patrie, quelle récompense a-t-il eu? jalousé par son parti même hideusement, il est descendu du pouvoir avant qu'il ait eu le temps de faire la moindre chose de son vaste programme, semblable à CINCINNATUS, il retournait à la charrue comme le simple Député, lorsque la noire parque est venue trop tôt le faucher, car il est probable qu'il nous eut épargné le triste spectacle que nous voyons aujourd'hui, (*la division*) il aurait continué comme il avait commencé à relever le prestige et la grandeur de son pays bien aimé. Il s'est éteint avec son génie, ses convictions profondes et inébranlables nous laissant un Gouvernement fort; si nous restons unis et son exemple à suivre *Union et Patrie, Tout par l'union telle était sa devise.*

Que le souvenir de ce grand citoyen, avec ses principes inaltérables fassent échos dans nos cœurs, pour nous assurer l'avenir, c'est par notre union seule et notre amour pour la Patrie que nous en imposerons et que nous serons invincibles, aussi bien à l'intérieur qu'à l'extérieur. Que ceux qui ont des goûts dynastiques aillent les arborer ailleurs; mais qu'ils ne viennent pas semer comme toujours la désunion parmi nous. Que la République soit bonne, grande et généreuse tant que l'on voudra, mais qu'elle ne soit pas assez bénévole au point de se laisser menacer dans son existence, qu'elle soit énergique et répressive, ce serait commettre un grand crime que d'agir autrement, le passé est un trop grand enseignement.

Il y a trop longtemps que la République n'est qu'un mot; il faut qu'elle soit la chose.

L'apparence a fait son temps, aujourd'hui il faut la réalité.

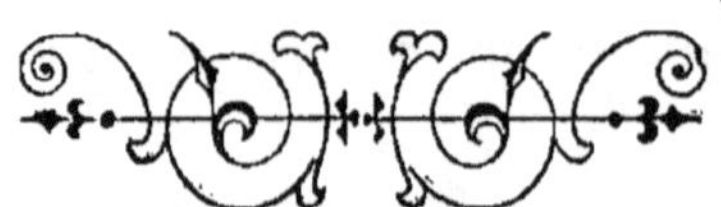